AF359225

9b.

HISTOIRE

DE LA

LETTRE PASTORALE,

DE

Mgr. l'Evêque de Cambrai,

Sur la soumission due

Aux Puissances Établies.

Id. 476

NOTRE APOLOGIE.

Si l'on avait dit, il y a sept ans, à un catholique étranger au diocèse de Cambrai : « il y a, dans ce diocèse, depuis longues années, cinq ou six journaux qui se font un jeu de tourner en dérision les mystères, les dogmes, les cérémonies et les ministres de la religion. Un écrivain, sincèrement attaché à la foi de ses pères, a pris la résolution de réfuter toutes ces impiétés, et de défendre le clergé contre toutes ces calomnies. Si cet écrivain parvient, à l'aide du raisonnement et de la publicité, en détruisant des préjugés injustes, en faisant connaître des vertus ignorées, en relevant des bienfaits méconnus, en repoussant des attaques imméritées ; s'il parvient, dis-je, à faire changer de langage une partie de ces journaux hostiles, à modifier singulièrement la polémique des autres ; et dans tous les cas, à neutraliser l'effet de leurs déclamations : croyez-vous qu'il puisse compter je ne dirai pas sur la bienveillance, pas même sur l'approbation, mais du moins sur la tolérance que l'autorité ecclésiastique accorde depuis tant d'années aux journaux du diocèse qui, par leurs diatribes incessantes outragent la religion et le clergé catholique ? »

Assurément cet étranger se serait contenté de hausser les épaules pour répondre à l'auteur d'une pareille question.

1841

Eh bien! l'étranger aurait eu tort; et son interlocuteur, pour peu qu'il eut en le don de prescience, aurait pu dire à cet étranger :

« Il ne faut pas hausser les épaules : le doute que j'exprime est fondé; et j'avais si bien raison de trembler pour mon écrivain catholique, que je vais vous prédire à coup sûr ce qui lui arrivera :

» Après avoir, durant sept ans, lutté tous les jours pour la religion et le clergé, mon écrivain catholique entendra la gazette qu'il aura le plus souvent convaincue d'irréligion et de malveillance pour les prêtres, le dénoncer comme hérétique et blasphémateur à l'autorité ecclésiastique; sur cette dénonciation, il verra la main du premier pasteur du diocèse, si long-temps impassible devant les impiétés de cette feuille voltairienne, se lever contre lui pour lui lancer l'anathême; et ceux qu'il aura défendus des plus grands périls, travailler avec le plus d'ardeur à étouffer cette voix qui, seule, avait osé parler pour eux au milieu de l'émeute.

—Il n'y a, se serait sans doute écrié l'étranger, que trois façons d'expliquer l'incroyable langage que vous me tenez : ou vous êtes fou; ou votre écrivain catholique aura commis quelqu'énorme crime contre la foi, qu'il aura refusé de rétracter; ou bien enfin, le premier pasteur du diocèse aura été abusé par des personnes indignes de sa confiance et qui auront sacrifié la justice et les intérêts de la religion à leur ambition, ou à leurs rancunes personnelles.

— Je ne suis pas fou : les faits vérifieront de point en point mes paroles; — quant à ce prétendu crime énorme contre la foi qu'aurait commis mon écrivain catholique, il n'est pas encore trouvé par malheur pour ses persécuteurs. — Cependant ils l'accusent; mais il demande encore lui, condamné avant d'avoir été entendu, en quoi il a été criminel. — Est-ce dans la doctrine qu'il a professée sur le pouvoir ? — Mais c'est celle de Fénélon, de Bossuet, de St-Thomas, de St-Augustin, de Suarez, de l'église catholique enfin. Toute la presse catholique, tous les fidèles se déclarent ses complices, et le défendent parcequ'ils se voient tous attaqués en sa personne. — Ainsi de vos trois suppositions une seule est juste ; oui, il n'est que trop vrai : la religion de notre vénérable prélat a été surprise. Non seulement, comme l'affirme l'*Ami de la Religion* d'après un *renseignement positif*, son expression a été *au de-là de sa pensée, de son intention ;* mais encore, en l'abusant sur ce qui était réellement, on lui a fait faire un acte contre sa volonté, acte qu'il pleurera amèrement, quand il saura tout le mal qu'il a produit, quand il pourra connaître la vérité qu'on lui a cachée si soigneusement sur ce lit de douleur où les infirmités de l'âge et ses longs travaux apostoliques l'avaient étendu. »

Maintenant, pour ôter à la mauvaise foi tout refuge, nous voilà forcés d'en venir à des extrêmités toujours pénibles. Accusé, il faut nous défendre, et nous ne pouvons le faire sans récriminer contre nos accusateurs. Du moins, nous le ferons avec modération, ne révélant que ce qu'il sera impossible d'ensevelir dans l'oubli, ne fesant parler que les faits, et nous taisant sur les personnes, excepté quand il faudra les faire intervenir comme témoins dans le procès.

Déclarons-le d'abord ; un seul chef sérieux d'accusation est élevé contre nous : notre polémique avec l'*Univers*. De laborieuses recherches nous permettent de faire passer sous les yeux du lecteur toutes les phases de cette polémique. On verra, en suivant attentivement cette discussion : 1°. Si nous pouvions, sans trahir tous nos devoirs, ne point combattre le journal qui, affectant de prêcher l'inviolabilité du fait, laisse néanmoins percer à chaque instant les doctrines de Lamennais sur la souveraineté du peuple ; 2° Si notre polémique ne s'est pas constamment maintenue dans les généralités, évitant avec soin toute application aux lecteurs du journal dans ce diocèse, et protestant contre ces applications quand nous apprenions qu'on voulait les faire ; 3° si les adversaires que cette polémique nous a suscités successivement, n'avaient aucun autre motif d'animosité contre nous, et s'ils étaient guidés par le zèle de la religion et de la justice ; 4° si leurs procédés envers nous ont eu les caractères de la charité ; 5° enfin, si nous n'avons pas fait tous les efforts qui étaient en notre pouvoir pour éviter le scandale sur lequel gémissent aujourd'hui tous les amis de la religion. Cela dit nous entrons en matière :

Notre polémique avec l'*Univers* remonte à environ dix-huit mois. En voici les principaux épisodes :

Après avoir opposé aux arguties de l'*Univers* les pressants argumens de Bossuet et de Fénelon ; avoir montré, d'un côté, toute la presse catholique et royaliste de Paris et des Provinces, le dénonçant comme transfuge du camp royaliste ; et de l'autre, la presse ministérielle lui donnant l'appui significatif de ses bravos ; nous disions dans notre numéro du 27 septembre 1839 :

« Il (l'*Univers*) ne peut plus désormais avoir d'adhérents que parmi ceux qui voudraient se faire ses dupes volontaires, en s'enrôlant sous la bannière de l'Orléanisme. Pour tout dire en un mot, l'*Univers* est le drapeau des *transactionnistes* et nous renions pour nôtres, ceux qui se rallieront à cet étendard de la félonie. »

Cette franche déclaration alla droit à son adresse à ce qu'il paraît ; et ceux qui avaient déjà *in petto* consommé la *transaction*, s'en offensèrent. Pour nous intimider, ils nous firent indirectement, au nom des lecteurs de l'*Univers*, la menace de faire interdire la lecture de l'*Emancipateur*.

Nous y répondîmes en ces termes, dans notre numéro du 2 octobre 1839.

« D'ignobles menaces nous ont été faites. Nous les méprisons trop pour les répéter ici ; et nous avons trop de confiance dans la prudence des personnes au nom desquelles on a osé menacer pour avoir voulu y ajouter foi un seul instant. Que les propagateurs de ces bruits ridicules n'espèrent donc rien de ces tentatives d'intimidation. Ils devraient savoir que nous y sommes inaccessibles. Nous n'avons jamais balancé à proclamer des vérités dangereuses parfois à énoncer devant un ennemi exaspéré ; nous aurons le courage plus difficile peut-être de dire la vérité à des amis obstinément aveugles. Nous n'avons pas, nous, comme certains champions ,de l'*Univers*, prononcé un irrévocable jugement, sans avoir entendu l'accusé après l'accusateur. Nous avons lu et relu les articles de l'*Univers*, lu et.relu les articles de la *Gazette de France*. Nous avons cité et les journaux du juste-milieu, qui seuls ont applaudi à la doctrine de l'*Univers*, et les journaux catholiques et royalistes qui, sans exception, l'ont condamnée...... Il ne s'agissait pas seulement, à ce qu'il paraît, *d'une intrigue politique ; mais encore d'un plan adroitement combiné pour rallier les débris de la phalange lamennaisienne dispersée par l'encyclique de Grégoire XVI ; en couvrant ce but secret par les plus hypocrites protestations de dévouement au Saint-Siége et à la religion.*

» *Les partisans obstinés de l'Univers nous pardonneront-ils de leur avoir signalé une trahison qui aurait pu les compromettre un jour de la façon la plus fâcheuse? Nous en doutons. Mais nous les conjurons du moins dans l'intérêt de la religion, et dans leur propre intérêt, de ne point se laisser entraîner dans les dangereuses résolutions qu'on leur insinue perfidement, et dont la responsabilité pèserait bientôt de tout son poids sur eux seuls.* »

Il y a 18 mois que nous écrivions ces paroles. On peut voir si nous avions deviné juste et si notre prévision commence à se réaliser aujourd'hui. Elle s'accomplira de point en point, nous ne craignons pas de l'affirmer.

Quoiqu'il en soit, à cette époque (le 5 octobre 1839), ayant reçu de divers points du diocèse, des lettres de nos amis, lesquels nous avertissaient que le bruit était répandu par les partisans de l'*Univers*, qu'on devait faire faire à Mgr. l'évêque de Cambrai, une lettre pastorale pour défendre la lecture de l'*Emancipateur*, nous écrivîmes à M. Delautre, vicaire-général, pour lui demander si ce bruit était fondé, ou pour qu'il nous autorisât à le démentir, dans le cas contraire. Trois minutes après avoir reçu notre lettre, M. Delautre était dans nos bureaux, nous autorisant à démentir ce bruit comme faux, ce que nous fîmes en ces termes dans notre numéro suivant (6 octobre 1839).

« Nous sommes heureux de pouvoir déclarer à nos lecteurs que les menaces dont nous parlions dans un de nos derniers numéros, comme nous ayant été faites au nom de certaines personnes respectables, n'étaient, comme du reste nous l'avions pressenti, que d'insignes calomnies. Une explication que nous avons eue, nous a prouvé que nous n'avions pas cessé un seul instant d'être d'accord sur les points essentiels avec ces personnes ; et que tout notre dissentiment résidait dans une proposition à laquelle on donnait un sens que nous n'entendions pas nous-même y attacher. *Pour ôter à la malveillance tout prétexte*, nous exposerons clairement dans un prochain article, notre profession de foi. »

Cette profession de foi, nous la rapportons ci-après textuellement telle qu'elle fut publiée dans notre numéro du 9 octobre 1839.

Nous avons été avertis par plusieurs personnes que, sur divers points du diosèse, on avait entr'autres bruits malveillants, répandu la nouvelle que de *haut lieu* devait partir un écrit destiné à blâmer l'*Emancipateur* de la polémique soutenue contre l'*Univers*

Nous avons transmis sur-le-champ ces bruits aux personnes respectables au nom desquelles on les avait répandus, et nous sommes autorisés à les démentir de nouveau, comme une insigne calomnie. Il n'a jamais été question d'aucun écrit à ce sujet. Nous engageons donc nos lecteurs à se méfier de ces manœuvres, à l'aide desquelles on cherche à les intimider pour se conquérir leur adhésion. Il y a des gens qui, par fanatisme pour un système ou même pour un journal suspect, sont de force à sacrifier une cause et ses plus éprouvés défenseurs. Mais ces gens-là, nous en avons l'assurance, n'agissent qu'en leur propre et privé nom, et leurs manœuvres sont désapprouvées sévèrement par leurs supérieurs.

En combattant l'*Univers*, quel a été notre but ? — Démasquer un journal rédigé par des Lamennistes et des transfuges royalistes. Avons-nous prétendu, comme on voulait l'insinuer, nous ériger en docteur de théologie ? — Non, cent fois non. Il n'est ni décent, ni profitable à la bonne cause, que de semblables controverses aient lieu dans les journaux. Elles ne sont propres qu'à jeter la perturbation dans les esprits, et la discorde entre des hommes faits pour s'estimer et pour s'entendre.

C'est là du reste un des buts secrets de l'*Univers*, pour arriver à ses fins. *Divide et impera*, paraît être surtout la devise de son machiavélisme. Mais il ne réussira pas à entamer les hommes du droit, en religion comme en politique, dont l'union est plus que jamais nécessaire au milieu des épreuves auxquelles ils vont être encore bientôt soumis par la Providence.

Pour nous, jamais nous ne mettrons une misérable question d'amour-propre, en balance avec une question si grave. Si donc, dans cette discussion, nous nous étions trompé, si nous avions avancé à notre insçu quelque proposition erronée, nous serions prompts à nous rendre aux observations de nos amis et à reconnaître nos torts, si nous en avions eu. Mais quand on emploiera les menaces et les intrigues contre notre argumentation, nous croirons devoir y persister, parce que la vérité n'a jamais recours à ces manœuvres pour triompher.

Après cette profession de foi, nous déclarerons avec franchise qu'une de nos propositions avait paru à quelques personnes présenter un sens téméraire et en opposition avec la doctrine des théologiens. On avait cru que par ces mots: on est libre d'accorder ou de refuser au pouvoir de fait une *soumission temporaire*, nous avions voulu dire qu'on pouvait refuser cette *soumission* lorsque le pouvoir de fait était *pacifiquement établi*. Telle n'a pas été notre prétention.

Les lois de septembre qui ne souffrent pas qu'on dise l'évidence sur ce point, en France, nous condamnent à une réserve que nos lecteurs comprendront facilement. Nous nous contenterons de rappeler de nouveau avec Bossuet qu'il n'y a pas de droit contre le droit; et que *tous les devoirs* qui sont imposés au chrétien par la religion envers le souverain légitime, ne peuvent pas, sous peine de contradiction et d'absurdité, être en même temps commandés envers les usurpateurs tant qu'il existe un héritier légitime du trône, pour protester contre l'usurpation et revendiquer ses droits.

L'Univers prétend au contraire, par une conséquence faussement déduite d'un principe vrai (soyez soumis aux pouvoirs établis), qu'on doit au fait et au droit, une adhésion semblable, un dévoûment égal. C'est cette prétention que nous avons combattue avec toute la presse royaliste.

Nous continuons à extraire des gazettes de provinces les articles les plus remarquables qu'elles publient sur les tendances secrètes d'un journal dont on se méfiera davantage à mesure qu'on connaîtra mieux ses rédacteurs.

M. Delautre, après avoir pris connaissance de cet article, voulut bien nous dire qu'il l'avait pleinement satisfait et qu'il ne l'aurait pas mieux rédigé lui-même.

Tout semblait fini, tout en serait resté là en effet, si l'amour de la dispute d'une part, et d'un autre côté, les mauvais desseins des ennemis secrets de la cause royaliste, et par conséquent, de l'*Emancipateur* qui défend cette cause dans notre pays, avaient pu se contenter d'un résultat si satisfaisant pour la paix et pour la religion.

Ils revinrent donc à la charge et nous provoquèrent à une discussion théologique dans la *Gazette Constitutionnelle.*

Nous leur répondîmes dans l'*Emancipateur* du 16 octobre 1839.

Que veut ici la *Gazette Constitutionnelle ?* Comme tous les journaux orléanistes, essayer d'établir que l'usurpation est de droit divin en France. C'est là une grossière absurdité : car il n'y a pas de droit contre le droit, suivant l'admirable mot de Bossuet, qui foudroiera toujours ce sophisme, renouvelé à chaque usurpation.

Nous voulons bien, toutefois, recommencer avec la *Gazette Constitutionnelle* la discussion que nous venons de soutenir à ce sujet contre l'*Univers.* Mais à deux conditions : c'est qu'elle posera la question dans ses véritables termes; et que le champion qui nous jette le gant, signera, comme nous, ses articles.

Sans ces deux conditions, nous déclarons que nous considérons ses interrogatoires comme les provocations d'un agent de la police secrète qui cherche à nous attirer sur un terrain où il est difficile de faire deux pas sans tomber dans le piège des lois de septembre.

En effet, si c'est une discussion sérieuse et loyale qu'on nous propose, notre adversaire ne doit pas craindre de se nommer.

Si c'est un guet-à-pens qu'on nous dresse, nous n'y donnerons pas tête baissée.

Enfin, nous ne voulons pas non plus tomber dans les puériles arguties de l'école avec des casuistes constitutionnels.

Dans une question de politique française il ne peut s'agir ni du droit Juif, ni du droit Visigoth.

Qu'est-ce que le pouvoir légitime en France ? Quand et comment usurpe-t-on ce pouvoir? Un catholique doit-il se ranger du parti du roi légitime ou du parti de l'usurpateur ? Un catholique doit-il à ce dernier, en l'absence du roi de droit, autre chose qu'une soumission temporaire, dans le seul intérêt du bien public? — Voilà les véritables termes de la question.

M. Bouchez, professeur de quatrième au collége de Cambrai, nous apprit par une lettre insérée dans la *Gazette Constitutionnelle* du 19 octobre, qu'il était l'auteur de l'article inséré dans le numéro du 15 (1).

---

(1) En même temps, un professeur publiait dans le même journal les plus violentes diatribes contre un discours prononcé à Notre-Dame-de-la-Tombe, et publié dans l'*Emancipateur*, par M. A. Carion.

Nous lui répondîmes en ces termes, bien résolus d'abord à ne point accepter une polémique tout-à-fait oiseuse avec M. Bouchez.

La première phrase de cette lettre prouve que nous avons eu le malheur de n'être pas compris de M. Bouchez.

Les polémiques précédentes que nous avons eu la malencontreuse idée d'entamer avec lui, nous ont prouvé qu'il n'y avait aucun moyen de nous entendre.

Il nous permettra donc de ne point recommencer à sacrifier en pure perte un temps que nous pouvons l'un et l'autre beaucoup mieux employer.

Mais M. Bouchez prit notre dédain pour l'aveu d'une défaite, il nous traita en hérétique, et nous félicita de renoncer à une discussion où nous ne pouvions qu'être battu suivant lui.

Pour rabattre cette jactance universitaire, nous lui opposâmes le commentaire de Fénélon sur le texte de St-Paul, où l'illustre archevêque de Cambrai distingue si clairement le roi de fait du roi de droit. — M. Bouchez continua de nous défier. — Nous lui opposâmes encore un canon cité dans le nᵒ du 6 septembre 1839 de la *Gazette de France*. (1)

Enfin, après avoir été harcelés durant un mois par les défis de nos adversaires, et les conclusions impertinentes qu'ils tiraient de notre silence, nous résolûmes d'aborder sérieusement la question et de

---

(1) Nos adversaires ont voulu faire croire, en le répétant à satiété : 1ᵒ. Que nous avions *fabriqué* ce canon, cité avec l'autorité de M. de Genoude, prêtre versé dans les études théologiques. 2ᵒ. Qu'en disant que ce canon commentait les textes de St-Paul, nous avions pris pour ces textes, précédemment cités par nous, les paroles du prophète Osée, par lesquelles commence ce canon.

Nous avons dû dédaigner de répondre à ces deux arguties de la mauvaise foi. Nous croyons cependant devoir citer les paroles mêmes de la *Gazette de France* que nous n'avons guère fait que reproduire :

« Le passage de Saint-Paul dont nous parle l'*Univers* ne
» peut s'expliquer que par le canon suivant, inséré dans les
» bréviaires de France, et qui montre ce que l'Eglise entend
» par les puissances ordonnées de Dieu :

» Ipsi regnaverunt et non ex me ; principes extiterunt et
» non cognovi. Ex se namque et non ex arbitrio summi rec-
» toris regnant, qui nequaquàm divinitùs vocati, sed suâ
» cupiditate accensi, culmen regiminis rapiunt potiùsquàm
» adsequuntur. »

les attaquer sur le terrain même où ils nous provoquaient.

Nous remuâmes donc les poudreux volumes de la bibliothèque de nos oncles, deux vénérables prêtres, élèves de St-Sulpice et qui moururent à Cambrai, après avoir été persécutés par la révolution de 93 pour être restés fidèles à Dieu et au roi. Il ne nous fut pas difficile de trouver dans leurs livres de théologie assez d'arguments et d'autorités pour ruiner l'argumentation sophistique de la *Gazette Constitutionnelle*.

Nous publiâmes donc trois dissertations sous ce titre : *La doctrine catholique sur le pouvoir légitime et l'usurpation, défendue contre M. Bouchez, professeur de quatrième, par St-Augustin, Estius, St-Thomas, et par les conciles.*

Notre antagoniste continua à ergoter ; nous le laissâmes faire. Il publia tous ses articles en brochure. Nous avions préparé un tirage à part de nos trois dissertations pour les publier. On nous fit observer que c'était chose superflue; que la question était jugée pour tous les gens de bonne foi et de bon sens. D'autres occupations, d'autres tracasseries nous forcèrent d'ajourner cette publication à laquelle nous voulions ajouter une préface, pour bien faire saisir la question à tous les lecteurs qui n'étaient pas au courant de cette polémique.

La querelle pouvait donc encore une fois être considérée comme terminée. Mais l'*Univers* ne cessant pas de revenir à la charge contre nos amis, dans notre numéro du 20 Mai 1840, nous reproduisîmes la déclaration unanime de la presse religieuse et royaliste, intitulée : *aux catholiques*. C'était une profession de foi adoptée par tous les journaux catholiques et monarchiques de Paris et des provinces. La voici :

AUX CATHOLIQUES (1).

Qu'est-ce que se proposent les casuistes de l'*Univers* ? Une seule chose, de déplacer la légitimité, c'est-à-dire de la transférer dans la révolution. L'œuvre est difficile.

---

(1) Cet article paraît à la fois dans tous les journaux royalistes.

S'il n'était question que de constater dans l'histoire des accidents violents et désordonnés, d'où sont résultés des pouvoirs nouveaux, plus ou moins conformes aux idées et aux besoins d'une époque, l'effort d'érudition ne serait pas grand; mais que s'en suivrait-il par rapport au droit naturel des révolutions? La philosophie explique les déplacements de pouvoirs, les changements d'autorité; mais elle ne justifie pas les violations du droit public, elle n'autorise pas le désordre en principe, elle ne consacre pas la doctrine des usurpations.

L'*Univers* dit qu'il faut obéir aux gouvernemens.

Obéir! hélas! qui ne le sait? On obéit à la force. On lui est soumis. On paie l'impôt; on subit la loi; on ne fait point de lutte contre le commandement. Voilà vraiment une belle nouveauté qu'on nous apprend!

Mais obéir, ce n'est pas sanctionner le droit de commander, ce n'est pas proclamer la légitimité radicale, intime de ce droit.

Si l'obéissance de fait entraînait cette conséquence, elle engagerait la conscience, elle trancherait une question de *fôr intérieur*, chose que les théologiens révolutionnaires n'avaient pas encore tentée.

Comprend-on toute la portée de cette morale? Non seulement il faudra extérieurement obéir à tous les pouvoirs qui vont et viennent dans un pays de révolution, obéir à la Convention, obéir au Directoire, obéir à Robespierre, obéir au premier Consul; mais il faudra reconnaître en son ame et conscience ces pouvoirs transitoires, comme pouvoirs ayant eu le droit de commander, et en vertu de la loi divine elle-même! Ceci passe toutes les bornes de la servilité humaine.

L'*Univers* dit aux royalistes qu'ils sont révolutionnaires, parce qu'ils ne reconnaissent pas le droit du gouvernement.

On conçoit qu'il a plus de liberté pour les attaques qu'ils n'en ont pour se défendre.

Que peuvent-ils répondre au journal des lois de septembre? des généralités philosophiques ou historiques! On conçoit un certain vide dans leur polémique; et l'*Univers* ne devrait pas les jeter dans ce guet-à-pens.

Mais, sans entrer au fond de la controverse, nous pouvons dire combien c'est chose nouvelle d'entendre accuser les royalistes d'être révolutionnaires, eux, les ennemis et les adversaires des révolutions.

Les royalistes sont les hommes du droit social. Ils n'admettent pas en principe le droit de défaire la constitution d'un état. Ils disent que livrer l'empire au premier occupant, c'est publier le droit de la barbarie. Cela n'est-il pas moral et chrétien? Où l'*Univers* a-t-il vu une théologie contradictoire à ces maximes?

De tous temps les grands moralistes ont distingué le *droit* et le *fait*. Mais le sens des mots est-il donc changé? Ce sont les royalistes qui sont les hommes du droit; et on dit qu'ils sont révolutionnaires! Quelle moquerie! Révolutionnaires, parce qu'ils ne croient pas à la mission providentielle de l'émeute; révolutionnaires, parce qu'ils ont au fond de l'ame une aversion invincible pour les conspirateurs et les renégats; révolutionnaires, parce qu'ils n'adorent pas les pouvoirs nés dans l'orgie! C'est à ne plus rien entendre à la langue de la raison et du sens commun.

La religion! la religion! vient-on nous dire, après le protestant M. Guizot. Eh bien! la religion condamne-t-elle l'ame humaine à étouffer en soi le sentiment de l'équité, à étouffer l'amour, à étouffer le mépris même?

La religion veut l'ordre! qui ne le sait? Dites mieux, elle veut même l'apparence de l'ordre, elle veut la soumission, qui fait la discipline extérieure et la simple police des états. Et après! la conduite des royalistes blesse-t-elle en cela la religion? où est l'ordre? n'est-il pas dans les idées des royalistes? où est la discipline? n'est-elle pas dans leur obéissance passive et régulière? Que veut-on de plus? veut-on l'affection intime du cœur? qu'on fasse une loi constitutionnelle: nous verrons.

Tout est bouleversé, le langage, l'intelligence, la logique. La religion est hors du gouvernement; on veut sanctionner le gouvernement par la religion. Le principe radical de la constitution est la souveraineté du peuple, c'est-à-dire la souveraineté propre de l'homme; on veut que l'homme soit absorbé par la constitution, et que l'homme n'ait plus rien de libre, pas même l'amour. On défait violemment le droit antique et l'on proclame, le droit de la force seul inviolable. On écrit dans les chartes la maxime des trois pouvoirs pondérés, et toute la souveraineté est dans le parlement, et l'on va dire au *roi* nouveau: VOS PEUPLES! comme on dirait à des rois, maîtres suprêmes de leur empire.

On refait l'*absolutisme* au profit de l'ordre constitutionnel, parlementaire ou dynastique. Tout est confondu: le droit, c'est la révolution; le royalisme, c'est l'anarchie. Être national, c'est être impie; vénérer la race de saint Louis, c'est être anti-chrétien; servir la religion, c'est voter pour M. Thiers; professer la foi catholique, c'est défendre un système de matérialisme cynique et sans pudeur.

Comment! c'est là qu'on veut mener la France, et on veut l'y mener par le clergé!

Non, le clergé, fidèle aux lois de l'ordre, et renommé entre tous les clergés d'Europe par sa sagesse, n'entrera pas dans ces plans de propagande. Pour lui chaque chose gardera sa nature; le droit sera le droit, et il répondra par sa dignité aux tentatives d'embauchage de ceux qui ont commencé par le traquer dans les sacristies, et qui, pour dernière insulte, l'appellent à présent comme un auxiliaire de leur ambition et un protecteur de leurs hypocrisies.

Comme nous savions que les partisans de l'*Univers* à Cambrai, jetaient déjà les hauts cris, et cherchaient à voir ou à faire voir une personnalité dans une déclaration de principes, nous accompagnâmes cet article de la note suivante :

« Il y a d'étranges susceptibilités en ce monde. Il nous revient que certaines personnes abonnées à l'***Univers***, prennent pour leur propre compte ce que la presse royaliste dit de ce journal félon et de ses adhérents.

« C'est au contraire parce qu'elle sait que des hommes de très bonne foi et guidés par d'excellentes intentions ont pu se faire illusion sur le véritable but de ce journal, que la presse royaliste a pris la peine de le démasquer par ce manifeste, publié en même temps, dans la ***Gazette de France***, la ***Quotidienne***, la ***France***, et répété par toute la presse religieuse et royaliste des provinces.

« Depuis quel temps offense-t-on ses amis, en leur signalant une trahison que leurs graves préoccupations ont pu les empêcher d'apercevoir ?

Nous appelons toute l'attention du lecteur sur cette note publiée il y a dix mois. Elle prouve deux choses : les manœuvres de la coterie de l'*Univers*, cherchant par de perfides insinuations à nous aliéner nos amis. 2° l'intention formellement exprimée par l'*Emancipateur* de combattre les doctrines perverses de l'*Univers*, et non d'attaquer les simples lecteurs de ce journal.

Cependant la coterie de l'*Univers* dont nous gémions les projets ambitieux, voulant nous faire taire à tout prix, ne négligeait aucune occasion de nous nuire en nous calomniant auprès de Mgr. même dans les preuves de dévouement que nous donnions au clergé. A l'occasion des violences dont M. Pique, vicaire de la cathédrale, fut l'objet au mois de juin 1840, l'*Emancipateur* se disculpait en ces termes d'une accusation aussi odieuse qu'absurde :

« Nous apprenons que certaines personnes ont voulu tirer de notre dernier article sur les violences dont M. Pique a été victime, la conclusion que voici :

« L'*Emancipateur* veut rejeter sur Mgr l'évêque la res-
« ponsabilité de tout ce qui s'est passé, puisqu'il dit que Mgr.
« avait prescrit à M. Pique sa conduite en cette circonstance. »

Nous protestons avec indignation contre cette interprétation. D'abord, nous avons trouvé la conduite de M. Pique trop honorable, pour avoir pu vouloir en rejeter la responsabilité sur un autre que sur lui-même. Ensuite, nous ferons remarquer qu : Mgr. , comme M. Pique , comme toute la ville , ignorant complétement ce qui allait se passer, ne pouvait rien prescrire spécialement pour cette circonstance ; il ne pouvait pas même être consulté ; et ne pouvait par conséquent rien approuver ni désapprouver à l'avance.

En compulsant notre collection , nous ne trouvons plus qu'il y soit question de l'*Univers* jusqu'au 12 août 1840. Dans ce numéro nous reproduisions un article, plein de sagesse et de mesure, de l'*Ami de la Religion* , adressé à ce journal par *un personnage plus distingué encore par son mérite que par sa position* , (ce sont les expressions de l'*Ami de la Religion* ,) et dans lequel on fesait ressortir la ressemblance de certaines doctrines de l'*Univers* avec celles de l'ancien journal lamenniste , l'*Avenir* ; on y relevait surtout cette phrase insultante pour les prélats dont la nomination était déjà ancienne :

« Le signe le plus évident qui atteste que Dieu
« appelle l'Eglise de France à de glorieuses desti-
« nées, c'est le renouvellement que SUBIT l'Epis-
« copat. »

Dans notre numéro du 11 septembre , fatigué des attaques incessantes et des personnalités de l'*Univers* contre la presse royaliste, nous résolûmes de rabattre enfin son arrogance , en citant un précieux document qui nous tomba entre les mains et qui jetait quelque jour sur ses bailleurs de fonds et ses directeurs.

Le 2 octobre nous relevâmes un article malveillant de l'*Univers* , où la puissance temporelle du pape était indirectement attaquée.

Le 18 octobre nous relevâmes un autre article révolutionnaire du même journal , où l'on fesait appel à la propagande, en plaçant sur la même ligne le catholicisme et la révolution de juillet. Nous nous exprimions ainsi :

Nous avons déjà signalé plusieurs fois les efforts que fesait une secte frappée par la réprobation du Saint-Siége , pour couvrir ses menées révolutionnaires d'un vernis religieux.

L'*Univers* persévère dans cette détestable ligne avec une ténacité toute lamennaisienne. Voici un passage d'un des derniers articles de ce journal :

« La France, unie et puissamment gouvernée à l'intérieur,
» n'a rien à craindre au dehors, même d'une nouvelle coali-

» tion. Son plus énergique moyen d'action serait de présen-
» ter dans le jeu de ses institutions, au milieu d'une crise
» si terrible, cette heureuse pondération de l'ordre et de la
» liberté, qui, dans la politique terrestre, fait la supério-
« rité de l'autorité constitutionnelle sur l'absolutisme, et
« de la liberté constitutionnelle sur la république. S'il y a
«" chez nous, à côté du *catholicisme*, un principe qui puisse
» émouvoir l'Europe, et rendre notre *propagande attractive*
» *pour les peuples, et redoutable pour les despotes*, c'est le
» *principe de nos institutions nouvelles.* »

. Quoi ! s'écrie judicieusement à ce sujet, un sage collabo-
rateur du *Journal des villes et des campagnes*, vous voulez
accoler au catholicisme une propagande d'insurrection contre
les rois, et vous qui nous parlez, sans rougir, de *pondération d'ordre et de liberté*, vous songez sérieusement à menacer les rois de l'Europe d'une guerre où on les montrerait
aux yeux des peuples égarés comme des despotes dont il faut
les délivrer ! »

Enfin dans notre numéro du 22 janvier 1841, nous reproduisîmes au supplément un excellent article du *Bourbonnais* où cette fidèle gazette de province démontrait la mauvaise foi et l'animosité de l'*Univers*, dans une nouvelle croisade qu'il prêchait contre la presse royaliste.

La coterie de l'*Univers* qui depuis long-temps épiait un prétexte pour venger son journal, l'avait trouvé : mais nous attaquer à propos d'un article contre l'*Univers*, c'était se trahir. Que fit-on ? *Après avoir réfléchi 15 jours*, on nous fit attaquer dans la *Gazette Constitutionnelle*, non pas pour cet article, mais pour un autre publié dans le même numéro, sur le 21 janvier.

Dans son numéro du 4 février la *Gazette Constitutionnelle* publia un véritable réquisitoire contre l'*Emancipateur* à propos de cet article : puis elle en prit occasion, pour essayer de réveiller la polémique que nous avions eue avec elle un an auparavant.

Si nous avions répondu à cette provocation, nous donnions beau jeu à ceux qui méditaient la lettre pastorale. Il y avait sinon motif réel, du moins prétexte apparent pour intervenir. On aurait pu dire alors, avec quelqu'espoir d'être favorablement accueilli par un certain nombre de lecteurs toujours ennuyés de ces sortes de polémiques, qu'il était temps de mettre fin à des dis-

BIBLIOTHÈQUE ROYALE

putes sur des matières théologiques, toujours
dangereuses pour la foi et la charité.

Mais notre *refus obstiné* de répondre à tous les
défis de la *Gazette Constitutionnelle*, fesait por-
ter à faux toutes les précautions oratoires de la
lettre pastorale, et lui ôtait jusqu'à l'ombre d'un
prétexte.

Aussi, la *Gazette Constitutionnelle* eut beau
revenir à la charge dans son numéro du 6 février.
Nous refusâmes en ces termes de relever le gant
qu'elle nous jetait :

« Les provocations de la *Gazette Constitionnelle* ne nous
feront pas sortir de la réserve et de la modération que nous
nous sommes imposées, pour lui ôter tout prétexte, dans la
nouvelle querelle qu'elle nous suscite.

» Diffamé et calomnié dans son article du 4 février et dans
son article d'aujourd'hui, 6, où elle nous prête, par une
fausse interprétation de nos paroles, des intentions que nous
n'avons pas eues, nous sommes résolu à user du droit de
défense que nous accorde la loi, en fesant insérer notre
réponse dans les colonnes mêmes du journal qui nous
attaque.

» Mais nous ne donnerons pas dans le double piège que
nous tend charitablement la *Gazette Constitutionnelle*, en
cherchant à rallumer dans l'*Emancipateur* sa fastidieuse polémique d'ergoteries, et en nous attirant sur un terrain de
personnalités inconvenantes sous tous les rapports. »

Nous réitérâmes cette déclaration dans notre
numéro du 10 février, en ces quelques lignes :

« Pour la troisième fois, nous répétons à la *Gazette Constitutionnelle* que l'*Emancipateur* n'accepte pas la polémique
dans laquelle elle s'efforce de l'attirer. Nous connaissons
les auteurs, les instigateurs et le but de ces attaques. Il est
des adversaires contre lesquels le silence est la seule réponse
digne. »

Sur ces entrefaites, averti des intrigues et des
insinuations perfides de la coterie de l'*Univers* auprès
de Mgr. l'évêque de Cambrai, nous écrivions au
prélat la lettre suivante :

A Monseigneur l'évêque de Cambrai.

Monseigneur,

Un journal de cette ville s'est permis de mêler votre nom à

une question de politique et de me prêter un langage que je n'ai point tenu et que je repousse avec indignation.

Mais comme j'apprends qu'une intrigue ourdie par des esprits brouillons qui ont causé déjà plus d'un chagrin à Votre Grandeur, veut se faire contre moi une arme des insinuations calomnieuses de ce journal, je viens vous prier, Monseigneur, de vouloir bien entendre l'accusé après l'accusateur.

Et d'abord quel est cet accusateur ? la *Gazette Constitutionnelle*, c'est-à-dire un journal qui, jusqu'à ce jour, s'est fait un jeu de tourner en ridicule, dans ses feuilletons licencieux, les mystères les plus augustes de la religion ou les prières les plus sacrées, en criant à l'intolérance du clergé dont il calomnie les membres.

Quel est l'accusé ?

L'*Emancipateur*, c'est à dire un journal qui, depuis sept ans, en toutes circonstances, (vous ne pouvez l'avoir oublié, Monseigneur) a défendu les ministres de la religion, toutes les fois qu'ils ont été en butte aux attaques de la presse irréligieuse ou aux tracasseries de l'autorité civile.

Et c'est pourtant l'*Emancipateur* qui se voit aujourd'hui accusé par la *Gazette Constitutionnelle*, d'avoir voulu faire une personnalité ridicule contre son évêque !

Cette dénonciation n'est pas seulement une lâche calomnie, c'est une sottise.

Les paroles que la *Gazette Constitutionnelle* prête à l'*Emancipateur* sont tronquées, le sens qu'elle leur donne est aussi faux que perfide.

Je supplie Monseigneur, pour s'assurer de la vérité de ce que j'avance, de vouloir bien se faire lire *par une personne sûre*, l'article textuel de l'*Emancipateur*, du 22 janvier, infidèlement reproduit par la *Gazette Constitutionnelle*,

Cet article, Monseigneur le verra, n'est que la reproduction des idées de MM. de Bonald et de Maistre, que l'*Ami de la Religion* a cités le même jour et à la même occasion. Ces deux grands philosophes chrétiens ont fait allusion aux mêmes textes de l'écriture, et Bossuet, avant eux, avait donné la même interprétation à la parole de Caïphe : *il est bon qu'un homme périsse pour le salut de tous.* (Voir méditations sur l'Evangile, VII jour.)

Je vais sommer la *Gazette Constitutionnelle* d'insérer ma réponse à ses attaques calomnieuses ; je suis disposé même à traduire devant les tribunaux son gérant responsable.

Mais j'ai voulu, dès à présent, protester auprès de vous, Mgr., contre des insinuations perfides, dont le but se devine aisément.

L'indiscrète joie de ceux *qui ne devraient pourtant pas être mes ennemis*, me l'a trop bien révélé : le bruit court que votre Grandeur se propose d'interdire la lecture de mon journal et jusqu'à l'accès de ma maison. On pousse l'impudence, jusqu'à oser attribuer à votre Grandeur l'article as-

tacieux et diffamatoire qui a paru dans la *Gazette Constitutionnelle.*

Je ne saurais ajouter foi à de pareils bruits, Mgr., mais je
vois les ennemis de la religion s'applaudir de les entendre pro-
pager par quelques personnes qui ont contre moi des rancunes
mesquines, et qui ont trop vite oublié les services que j'ai été
assez heureux pour leur rendre.

Enfin, Mgr., on cherche à faire dans le diocèse un grand
scandale dont les honnêtes gens sont consternés à l'avance.

Pardonnez-moi, Mgr., d'avoir interrompu vos graves occupations. Mais j'étais accusé d'avoir osé attaquer, de la manière
la plus indécente, un prélat que je vénère à plus d'un titre, et
mon cœur n'a pu résister au besoin de se justifier d'une si
odieuse accusation.

Confiant dans votre justice éclairée, Mgr., j'ose croire que
ma justification est maintenant complète aux yeux de Votre
Grandeur : si elle désire avoir de plus amples explications,
qu'elle daigne me faire appeler auprès d'elle.

En attendant, je supplie Votre Grandeur de croire que je n'ai
jamais cessé de lui conserver tous les sentimens de vénération,
de reconnaissance et de soumission filiale avec lesquels j'ai l'honneur d'être, de Votre Grandeur, Mgr.,

Le très humble

et très obéissant serviteur,

(7 Février 1841.)

H. CARION,

Rédacteur-Gérant de l'Emancipateur.

Le soir, nous allâmes chercher la réponse à cette
lettre chez M. Delautre, vicaire-général. Il nous
assura ne pas en avoir connaissance. Nous lui en
donnâmes lecture. M. Delautre protesta devant nous
qu'il n'était pour rien dans l'intrigue que nous lui
signalions. Nous lui rappelâmes qu'il y avait déjà 18
mois, une menace semblable à celle qu'on nous fai-
sait sourdement aujourd'hui, nous avait été faite ;
et que sur son autorisation, nous avions alors dé-
menti les bruits semés dans le diocèse. M. Delautre
convint de tous ces faits. Nous abordâmes ensuite
franchement la question, et nous essayâmes de dé-
montrer à M. Delautre tout ce qu'une semblable
mesure aurait de funeste pour la religion, pour le
diocèse, et pour lui-même en particulier. Il nous
promit de faire tout ce qui dépendrait de lui pour tout

empêcher, et nous le quittâmes, espérant avoir encore une fois déjoué le complot.

Cependant ne recevant pas de réponse à la lettre que nous avions adressée à Mgr. ; et apprenant d'un autre côté que le bruit courait et s'accréditait de plus en plus qu'on préparait une lettre pastorale contre les doctrines de l'*Emancipateur* et de la presse royaliste, nous écrivîmes à M. Delautre la lettre suivante:

A. *Monsieur Delautre, vicaire-général.*

Monsieur,

Je n'ai point encore reçu de réponse à la lettre que j'ai eu l'honneur d'adresser à Mgr. l'évêque de Cambrai.

Il faut cependant que je sache à quoi m'en tenir, pour prendre un parti décisif.

La polémique déloyale de la **Gazette Constitutionnelle** continue. Elle se vante d'avoir une mission. L'a-t-elle reçue, oui ou non ? Il faut que le public le sache. Je ne me résignerai pas à être joué. Je dois vous déclarer que les paroles dont elle se sert aujourd'hui vous avaient été prêtées, avant de paraître dans ce journal. Les assurances que vous m'avez données l'autre jour, me portent à croire que c'est sans votre aveu, et dans une intention aussi perfide contre vous que contre moi qu'on vous a impliqué dans cette affaire.

Dans ce cas, il n'y a point à balancer; l'intérêt de la religion veut que nous démasquions ceux qui cherchent à perdre les défenseurs de la religion.

Mon parti est pris; pour moi, j'irai droit au but. Ami sûr et dévoué pour ceux qui sont fidèles à nos principes, je suis et resterai toujours un implacable ennemi des traîtres et des hypocrites qui compromettent ces principes dans un intérêt personnel.

Avec ou sans réponse de votre part, ma déclaration paraîtra dans le prochain numéro de l'*Emancipateur.* J'ai cherché par tous les moyens possibles à éviter le scandale : qu'il retombe sur ceux qui l'ont provoqué, avec toutes ses conséquences.

J'ai l'honneur d'être avec des sentimens d'estime et d'affection qu'il me serait bien pénible d'être forcé de vous retirer, Monsieur,

Votre très humble et tout

dévoué serviteur,

H. CARION.

Rédacteur gérant de l'Emancipateur.

Nous publiâmes en même temps dans l'*Emancipateur* du 12 février l'article que l'on va lire :

A nos amis et à nos ennemis.

Une intrigue ourdie il y a huit mois contre l'*Emancipateur*, et dont les fils s'étaient renoués dans l'ombre après avoir été brisés une première fois, vient de se rompre de nouveau, à la confusion de tous ceux qui l'avaient tramée.

Nous voyons avec plaisir que nos amis ne se sont pas mépris sur la discrétion de nos paroles et la réserve de notre attitude, devant des attaques dont l'exagération avait pour but principal de nous amener à nous donner le tort d'une réplique trop vive, et de mêler à une polémique de journal des noms qui n'y doivent jamais figurer.

Mais que nos ennemis l'apprennent aussi : nous saurons allier la fermeté à la prudence, et des convenances que nous respecterons toujours avec des devoirs que nous n'avons jamais trahis.

Pleins de vénération pour des principes et des personnes que nos adversaires ne cessent d'outrager que pour essayer de les rendre complices de leurs pernicieux desseins, nous dirons la vérité sans arrogance comme nous avons loué sans bassesse.

On devrait le savoir : des hommes qui ont résisté à la triple épreuve des sophismes ou des sarcasmes d'une époque irréligieuse et révolutionnaire ; des persécutions et des séductions d'un pouvoir tour à tour violent ou corrupteur ; restent inaccessibles à l'intimidation.

L'intimidation ! c'est la ruse de la faiblesse qui n'ose jamais ni regarder, ni frapper en face ; c'est l'arme de l'injustice, glaive toujours funeste à la main qui croit faire acte d'autorité en frappant un innocent.

Sûrs de l'approbation de tous les gens de cœur et de conscience, nous achèverons donc de dévoiler les ténébreuses manœuvres de l'intrigue, de la calomnie et de l'ambition.

Nous n'épargnerons aucun effort pour faire parvenir la voix de la vérité jusqu'au sanctuaire où il suffit qu'elle s'élève pour y être entendue.

Seulement nous conjurons nos amis de se défier des bruits semés à dessein dans le public et de contenir leur indignation ; comme nous conseillons à nos ennemis de modérer les accès de leur triste joie, jusqu'à ce que nous ayons mis sous leurs yeux toutes les pièces d'un procès qu'il n'a point dépendu de nous de faire juger à huis-clos.

H. C.

Le soir, nous apprîmes que M. Legrand, professeur au petit séminaire, venait d'être destitué pour avoir, *dans deux lettres particulières*, écrites, il y avait un an, à l'auteur de la polémique de la *Ga-*

zette Constitutionnelle qui lui avait envoyé sa brochure, défendu l'opinion de l'*Emancipateur* sur le pouvoir de droit et le pouvoir de fait. (1)

Rempli d'une juste indignation, nous écrivîmes sur le champ la lettre suivante à M. Delautre.

A M. Delautre, vicaire-général.

Monsieur,

J'apprends en rentrant une nouvelle qui ne me permet malheureusement plus de conserver le moindre doute sur le but qu'on persiste à atteindre,

Me prend-on pour un lâche? Et croit-on que je me contente de laisser tomber sur mes amis le coup qui m'était destiné?

Détrompez-vous, Monsieur : impossible, peut-être, si ce coup n'avait pu atteindre que moi, je me crois obligé, en honneur et conscience, de prendre en main la querelle de ceux qui sont iniquement frappés pour moi.

La destitution de M. Legrand est un acte inqualifiable. Encore une fois on vous accuse ici d'avoir été l'instigateur et l'apologiste de la mesure. Sachez, Monsieur, qu'elle révolte tous les honnêtes gens, prêtres ou laïques.

Je vous le répète, Monsieur, et c'est peut-être la dernière parole d'ami franc et sincère qui parviendra jusqu'à vous : on vous fourvoie à dessein dans une route déplorable au bout de laquelle on vous a creusé pour vous-même un précipice.

Vous aurez beau faire et beau dire, on vous laissera tout l'odieux de tout ce qui se trame, et vous n'en pourrez raisonnablement décliner la responsabilité.

Tout le monde sait. . . . . (2).

Si vous aimez Monseigneur, si vous avez quelque souci de votre réputation, ayez le courage de lui dire la vérité et de lui faire réparer les fautes énormes qu'on lui a déjà fait commettre.

Je vous l'ai dit, Monsieur, et j'ose vous le répéter : il n'y a au fond de tout ceci qu'une pitoyable question d'amour-propre. Abandonnez l'*Univers*, Monsieur, faites ce sacrifice à Dieu et aux honnêtes gens. Le temps presse, il faut choisir : catholique entre la paix et le bouleversement du diocèse ;

---

(1) Qui avait fait parvenir ces lettres à l'évêché? Quel est l'auteur de cet odieux abus de confiance, de cette lâche délation? En vérité, il y a dans cette intrigue, des infâmies qui surpassent toute imagination.

(2) Nous supprimons ici quelques mots qui ne pouvaient être dits que dans une lettre intime.

Légitimiste, entre un journal vendu à l'Orléanisme et le journal fidèle qui vous a défendus sept ans, à ses risques et périls;

Prêtre, entre l'approbation et l'appui de tout ce qu'il y a de vertueux, d'éclairé, et l'assentiment déshonorant de tout ce qu'il y a de taré ou d'incapable dans le clergé;

Homme enfin, entre l'estime ou le mépris de tous les gens de bien.

Réfléchissez - y devant Dieu encore une fois, je vous en conjure, Monsieur; c'est sa cause qu'il vous a remise entre les mains. Il vous voit et les hommes vous regardent.

Pour moi, je crois maintenant avoir accompli tous mes devoirs d'ami envers vous. Dieu veuille qu'il ne m'en reste point de plus sévères à remplir! Mais sûr de défendre la vérité, je serai inflexible comme elle, quoiqu'il arrive.

Adieu, Monsieur, puisse cette lettre n'être point ma dernière relation avec vous; puissé-je vous conserver tous les sentimens d'estime et d'affection avec lesquels je serais si heureux de rester toujours,

Votre tout dévoué serviteur,

H : CARION,

Rédacteur-gérant de l'Emancipateur

Pour toute réponse, on fit rédiger et lire au prône la pastorale connue aujourd'hui de toute la France, ce déplorable mandement politique, accueilli par les cris de joie du *Constitutionnel*; improuvé, réfuté par tous les organes de la presse catholique et royaliste, et à leur tête par l'*Ami de la Religion*, avec la grave autorité du génie de Fénélon!

Arrêtons-nous un moment, et jetons un rapide regard rétrospectif sur toute cette affaire pour la résumer.

Un journal paraît qui, après avoir renié une partie de son titre, (1) nous est dénoncé par toute la presse catholique et royaliste, comme ayant reçu la mission de distiller goute à goute le poison lamennaisien. Ce sont des lamennistes qui le dirigent, des lamennistes qui le propagent. Ce journal s'attaque avec

(1) L'*Univers* s'intitulait autrefois l'*Univers* RELIGIEUX. Il a supprimé ce dernier mot, pour ne pas effaroucher les incrédules. Est-ce ainsi que procèdent la franchise et la vérité?

violence, avec acharnement aux principes et aux hommes de la cause royaliste. Les hommes, il les calomnie ; les principes il cherche à les obscurcir, à les noyer dans la brume d'une nébuleuse érudition théologique. Ce journal fait alliance avec l'orléanisme : le plus court chemin pour arriver à la souveraineté du peuple, c'est-à-dire à l'anarchie, étant suivant lui, la consécration du pouvoir de fait en présence du pouvoir de droit. La presse du juste-milieu, presse très peu religieuse jusqu'alors, va s'armer dans cet arsenal d'ergoteries, et nous provoque, et nous harcèle, et nous anathématise avec la dextre de quelques professeurs de l'Université. Pouvions-nous, devions-nous garder le silence, sans manquer à tous nos devoirs, sans faire une scission scandaleuse avec les autres journaux royalistes ? — Avons-nous, nous le demandons maintenant que toute cette polémique est remise sous les yeux du lecteur, outrepassé les bornes ? — De quel côté y a-t-il eu acharnement et malveillance ? —

Enfin, que l'on veuille bien considérer surtout ce point : qui avons-nous eu pour auxiliaires ou pour adversaires dans cette discussion : pour auxiliaires, tous les journaux catholiques et royalistes à l'unanimité. — Pour adversaires, la presse du juste-milieu ; des professeurs de l'Université qui ne nous pardonneront jamais de réclamer la liberté de l'enseignement en faisant ressortir les vices de l'éducation des colléges ; quelques hommes enfin, (il faut que ce douloureux aveu sorte de notre cœur qu'il déchire), quelques hommes à qui l'esprit de coterie, ou l'ambition ont fait oublier la sainteté de leur état, et les services que nous leurs avions rendus.

Est-il évident que dans toute cette affaire, nous avons mis jusqu'au bout toute la modération possible ; nous taisant quand le silence n'était pas une trahison ou une lâcheté ; expliquant avec patience, avec netteté notre pensée, lorsqu'on prétendait y voir un autre sens que celui que nous y avions mis ; nous laissant provoquer, insulter même, sans répondre ; n'épargnant ni démarches, ni avertissements particuliers, pour détromper ceux auprès desquels nous étions sourdement calomniés ; pour leur découvrir le complot déloyal qui se tramait; dans quel but, et quels seraient les résultats de ce qu'on voulait arracher à l'autorité supérieure ecclésiastique? Démarches pénibles et qu'assurément nous n'étions point tenu de faire, puisqu'après tout nous n'avions à nous justifier que d'avoir agi d'après notre conscience et d'avoir fait notre devoir.

Quelle a été au contraire la conduite de nos adversaires; ils complottent d'abord, il y a un an, cette lettre pastorale; ils se vantent d'être sur le point de l'obtenir; avertis de cette intrigue, nous nous plaignons. On nous autorise à la démentir; on la nie absolument. Pourtant elle se renoue dans l'ombre, elle se trame durant un an; c'est par la délation, la calomnie, la provocation qu'on procède encore; et quand on ne peut pas même nous ramener sur ce terrain théologique qu'on voudrait pouvoir nous accuser d'avoir envahi, on remonte à quinze jours, on va chercher dans nos colonnes un article politique, on le donne à disséquer aux ergoteurs; leur scalpel y découvre une phrase empruntée aux saintes écritures; cette phrase, les tourmenteurs de la pensée la mettent à la question, ils en font suer un délit qu'ils grossissent avec la loupe réquisitoriale d'un vrai procureur-général chargé de faire respecter la liberté illimitée de la presse; et sur ce prétexte, nos adversaires lancent toutes les foudres qu'ils peuvent avoir sous la main, contre le journal dévoué au clergé; ils lui crient anathème! aux applaudissements des journaux qui ont insulté sans cesse la religion et ses ministres!

Instigateurs, auteurs responsables de la lettre pastorale, savez-vous quelles affreuses conséquences il faut tirer de ce que vous avez fait? — Les voici : qui que vous soyez, voulez-vous vous assurer l'impunité, vous concilier la tolérance, les bonnes graces du clergé: insultez-le, lui et la religion; — Voulez-vous vous attirer sa haine, ses persécutions: défendez-le, lui et la religion!......

Hâtons-nous, hâtons-nous de faire entendre la voix éloquente de tous les fidèles qui protestent comme un seul homme contre cette détestable mais nécessaire conclusion à tirer de votre con-

duite. Non le clergé n'a pas donné son adhésion à
l'œuvre d'iniquité qui s'accomplit ; au contraire,
il faut avoir le courage de le répéter si haut que
cette vérité parvienne enfin jusqu'à notre prélat in-
dignement circonvenu : la lettre pastorale a été
reçue, presque partout avec stupeur par le clergé,
avec indignation par les fidèles. Ici on ne l'a pas
lue ; là, on n'en a lu que des passages ; dans une
autre paroisse, le curé s'est cru obligé en conscience d'en détourner le sens et d'appliquer à
l'autorité des chefs de famille ce que la lettre
pastorale disait du pouvoir de fait ; dans cette
église, tel a été le tumulte occasionné par les
murmures des assistants blessés dans leurs con-
victions, qu'il a été impossible au lecteur de se
faire écouter ; dans cette autre église on a
entendu plusieurs fidèles s'écrier dans leur exas-
pération qu'ils siffleraient s'ils n'étaient pas dans
le lieu saint ; c'est un auditoire tout entier qui
se lève pour protester, et auquel il faut imposer
silence au nom de la majesté du lieu où il se
trouve ; ce sont des fidèles outrés de douleur, qui
sortent de l'église en se demandant s'il faudra
désormais douter de ce qu'on leur prêche du
haut de la chaire de vérité.

Qu'on ne s'étonne pas de cette unanime réprobation. Et qui donc fréquente les églises, qui
donc est resté fidèle à Dieu, si ce n'est ceux qui
sont restés fidèles au roi de leurs pères ?

Hors de l'église, l'agitation redouble : on
court, on s'inquiète pour l'avenir : « Les mauvais
» jours sont-ils revenus ? le mal, dans cette af-
» freuse confusion des idées et du langage, va-
» t-il redevenir le bien, et le bien, le mal ? une
» injustice est demandée au nom du devoir, au
« clergé et aux fidèles; va-t-on voir naître un
» schisme ; et faudra-t-il encore qu'*il aille mou-
» rir à Valence*, le ministre du Dieu juste qui ne

» voudra pas immoler sa conscience à la peur ou
» à l'ambition ? (1)

Dans le clergé, ceux qui n'auraient pas tremblé
devant les persécutions de la religion, ne cachent
pas leur douleur, leurs regrets, leur respectueuse
résistance ; les plus timides, obéissent à la con-
trainte, et cachent leurs sentimens au fond de
leurs cœurs froissés où l'esprit de défiance vient
leur grossir les dangers et leur en créer même d'i-
maginaires.

Ainsi, la perturbation au lieu du calme, la défiance au lieu de l'union, la crainte au lieu de
la charité, voilà ce qu'a apporté dans ce diocèse,
le journal qui s'est fait le digne continuateur de
l'*Avenir* ; voilà le feu que se sont chargés d'atti-
ser, au point de lui faire tout dévorer, ceux qui
ont introduit, propagé — et par quels moyens !
— soutenu opiniâtrement l'*Univers* parmi nous.

Battus sur le terrain de la discussion, condam-
nés par des faits trop affligants, signalant chaque
jours les divisions amenées dans le clergé par les
discussions que soulevait ce journal, où l'esprit de
secte, l'esprit de propagande révolutionnaire,
l'esprit lamennaisien en un mot, respire à chaque
ligne, ils ont voulu, à défaut de logique, faire
de l'autorité ; et frapper quand il fallait répondre,
ou du moins écouter. A force de ruse et de ténacité, ils sont parvenus à entraîner à une sorte de
coup d'état le plus tolérant, le plus prudent des
évêques.

(1) Tous les faits que nous venons de rapporter, les paroles dont nous nous servons, sont des extraits de lettres signées
par des personnes respectables, et que nous avons reçues de
divers points du diocèse. Ces lettres déposées en mains sûres,
nous sommes disposé à les confier à une personne fidèle qui
voudrait les lire à Mgr. l'évêque de Cambrai. — Il est faux,
comme on en a fait courir le bruit à dessein que nous
ayons laissé voir à qui que ce soit les noms des ecclésias-
tiques qui nous ont écrit ou qui étaient abonnés à l'*Emancipateur.*Quand nous avons nommé quelqu'un, c'est sur l'in-
vitation formelle que la personne nous en a donnée elle-même

Aujourd'hui, après avoir essayé en vain d'é-
touffer la voix de l'indignation publique, après
l'avoir, si l'on peut s'exprimer ainsi, calomniée,
en la métamorphosant en adhésion auprès de ce
vénérable pontife octogénaire qui ne peut plus
hélas! voir par ses yeux, ni entendre par ses
oreilles, ils déclinent honteusement la responsabilité de leur œuvre.. Vain espoir! qui que vous
soyez, ministres responsables, ne l'oubliez pas :
quand on signe les ordonnances, il faut en
supporter les suites et en subir l'expiation!

Henri CARION ,

Rédacteur-Gérant de l'Émancipateur.

P. S. On vient de nous communiquer une lettre
d'un vénérable prélat, sincèrement attaché à Mgr.
l'évêque de Cambrai et où nous copions ce passage :

« *J'ai reçu ce matin deux numéros de l'Emancipateur, journal de Cambrai : ce sont les numéros 802 et
803, des vendredi et dimanche, 5 et 7 Mars. J'ai bien
pensé qu'il y était question de la fameuse lettre pastorale,
production dont je suis bien plus affligé qu'étonné ; parce
que j'ai bien prévu qu'elle aurait un retentissement scan-
daleux, qu'elle allait diviser plus que jamais les esprits
et les cœurs, causer d'affreux déchiremens partout où
elle paraîtrait ; et plus particulièrement dans le dépar-
tement le plus populeux du royaume, dans le diocèse le
plus vaste et le plus étendu. Je suis bien peiné que Mgr.
Belmas ait consenti à apposer sa signature à une œuvre
semblable : mais je suis persuadé que l'on a abusé, dans
cette circonstance, de son grand âge, de l'état de faiblesse qui en est inséparable : mais le mal n'en est pas
moins grave ; et il ne peut manquer d'avoir les résultats
les plus fâcheux, les plus funestes, à mon grand et très
grand chagrin.* »

LESNE-DALOIN et FILS Aîné, imp.-lib. à Cambrai.

www.ingramcontent.com/pod-product-compliance
Lightning Source LLC
LaVergne TN
LVHW012149170726
843503LV00009B/4070